ALBERT TAKES ON THE WORLD

Alberto Conquista El Mondo

author Jan Hahn

translator Catherine Lopez

illustrator Samantha Berner

Parson's Porch Books

Albert Takes On The World
ISBN: Softcover 978-1-960326-24-9
Copyright © 2023 by Jan Hahn

Parson's Porch Books is an imprint of Parson's Porch & Company (PP&C) in Cleveland, Tennessee. PP&C is a self-funded charity which earns money by publishing books of noted authors, representing all genres. Its face and voice is **David Russell Tullock** who you can contact at: dtullock@parsonsporch.com.

Parson's Porch & Company *turns books into bread & milk* by sharing its profits with the poor.

www.parsonsporch.com

Albert Takes On The World

Alberto Conquista El Mondo

CHAPTER ONE

Capítulo uno

Albert was bored. He had no interest in schoolwork. Singing was too much of an effort. Even playing with his friends lacked appeal. All Albert wanted to do was explore the world.

Albert estaba aburrido. No tenía interés en el trabajo escolar. Cantar requería demasiado esfuerzo. Incluso jugar con sus amigos ya no le era atractivo. Todo lo que Albert quería hacer era explorar el mundo.

The memory of his "brush with death" last summer in the farmer's barn had all but faded. What he did remember was how ecstatically everyone welcomed him home, and how all his friends kept asking him to tell them about his adventures.

La memoria de su "roce con la muerte" el verano pasado en el granero casi se había desvanecido. Lo que sí recodaba era con el entusiasmo en que todos le dieron la bienvenida a la casa y como sus amigos continuaban preguntándole acerca de sus aventuras.

Albert had been reading about the great explorers:

Thor Heyerdahl sailing from Peru to the Polynesian islands on a raft named Kon Tiki,

https://www.youtube.com/watch?v=fAGNLIpi4BQ

Albert había estado leyendo acerca de grandes exploradores:

Thor Heyerdahl navegando de Perú a las islas Polinesias en una balsa llamada Kon Tiki,

Admiral Byrd flying to the North Pole and Antarctica,

https://www.youtube.com/watch?v=C7UqplHr-c8

El almirante Byrd viajando hacia el Polo Norte y Antártica,

David Livingston exploring Africa,
https://www.youtube.com/watch?v=UOqKsv6TQzY

David Livingston explorando África,

Neil Armstrong walking on the moon, and

https://www.youtube.com/watch?v=w4wx_3XOrns

Neil Armstrong caminando sobre la luna, y

Jacques Costeau traveling to the deepest parts of the sea. He was afraid that soon there would be nothing else to discover.

https://www.youtube.com/watch?v=LHaGWSSrxJY

Jacques Costeau viajando a las profundidades del mar. Temía que pronto no hubiera nada más que descubrir.

So one night, after his family had fallen asleep, Albert slipped out of the house, and hopped down to the stream. There, he fashioned a raft by tying four sticks together with vines. Then he climbed aboard his craft, and set sail for the high seas. What a glorious night for travel! The moon was full, and cast its pale light upon the water. Hoot owls' cries and the fluttering of bats' wings were the only sounds that disturbed the quiet rushing of the stream. Albert fell asleep dreaming of the great adventures awaiting him.

Una noche, después de que su familia se durmiera, Albert se escapó de su casa y saltó en camino al arroyo. Allí, construyó una balsa atando cuatro ramas con varias enredaderas. Luego subió a bordo de su embarcación y zarpó hacia alta mar. ¡Qué noche gloriosa para viajar! La luna estaba llena y emitía su pálida luz sobre el agua. Los silbidos de los búhos y el batir de las alas de los murciélagos eran los únicos sonidos que perturbaban el tranquilo correr del arroyo. Albert se durmió pensando en las grandiosas aventuras que se avecinaban.

In the morning, Albert caught a few flies. Using one as bait, he began to fish. All of a sudden, Albert heard an air-shattering scream. To his terrified amazement, he found himself in the crushing talons of an eagle that had been flying high above the land. Albert knew he was in trouble; the eagle was taking him to her nest where there awaited hungry eaglets! If he did not act quickly, his end was near.

https://www.youtube.com/watch?v=hecXupPpE9o

En la mañana, Albert atrapó varias moscas. Comenzó a pescar utilizando una de ellas como carnada. De repente, Albert escuchó un grito devastador. Ante su aterrorizado asombro, se encontró entre las desgarradoras garras de un águila que había estado volando alto sobre tierra. Albert sabía que estaba en problemas; ¡el águila lo llevaba hacia su nido en donde aguiluchos hambrientos le esperaban! Si no actuaba rápido, su final se aproximaría.

I

¿But what to do? Albert thought and thought and thought. Sweat poured from his brow. Albert knew that he had only one chance. He began to tickle the eagle with his two legs and two small arms. He tickled and tickled and tickled, and to Albert's great relief, the eagle opened her talons and released Albert. He was free at last!

¿Pero qué hacer? Albert pensó, pensó y pensó. Sudor se deslizaba sobre su frente. Albert sabía que tenía solo una oportunidad. Él comenzó a hacerle cosquillas al águila con sus pequeños brazos y sus dos patas. Él cosquilleó, cosquilleó y cosquilleó, y para su gran alivio, el águila abrió sus garras y liberó a Albert. ¡Al fin estaba libre!

But as Albert now discovered, one of life's most unpleasant lessons ---- when one problem is solved another one appears to take its place. Albert was free of the eagle's clutches, but he was now in free fall. If a miracle did not soon occur, Albert would plummet headfirst into the ground. He was doomed!

Ahora Albert había descubierto una de las lecciones más desagradables de la vida --- cuando un problema es resuelto otro se aparece a tomar su lugar. Albert estaba libre de las garras del águila, pero ahora caía al vacío. Si un milagro no ocurría, pronto Albert caería de cabeza al suelo. ¡Estaba condenado!

K

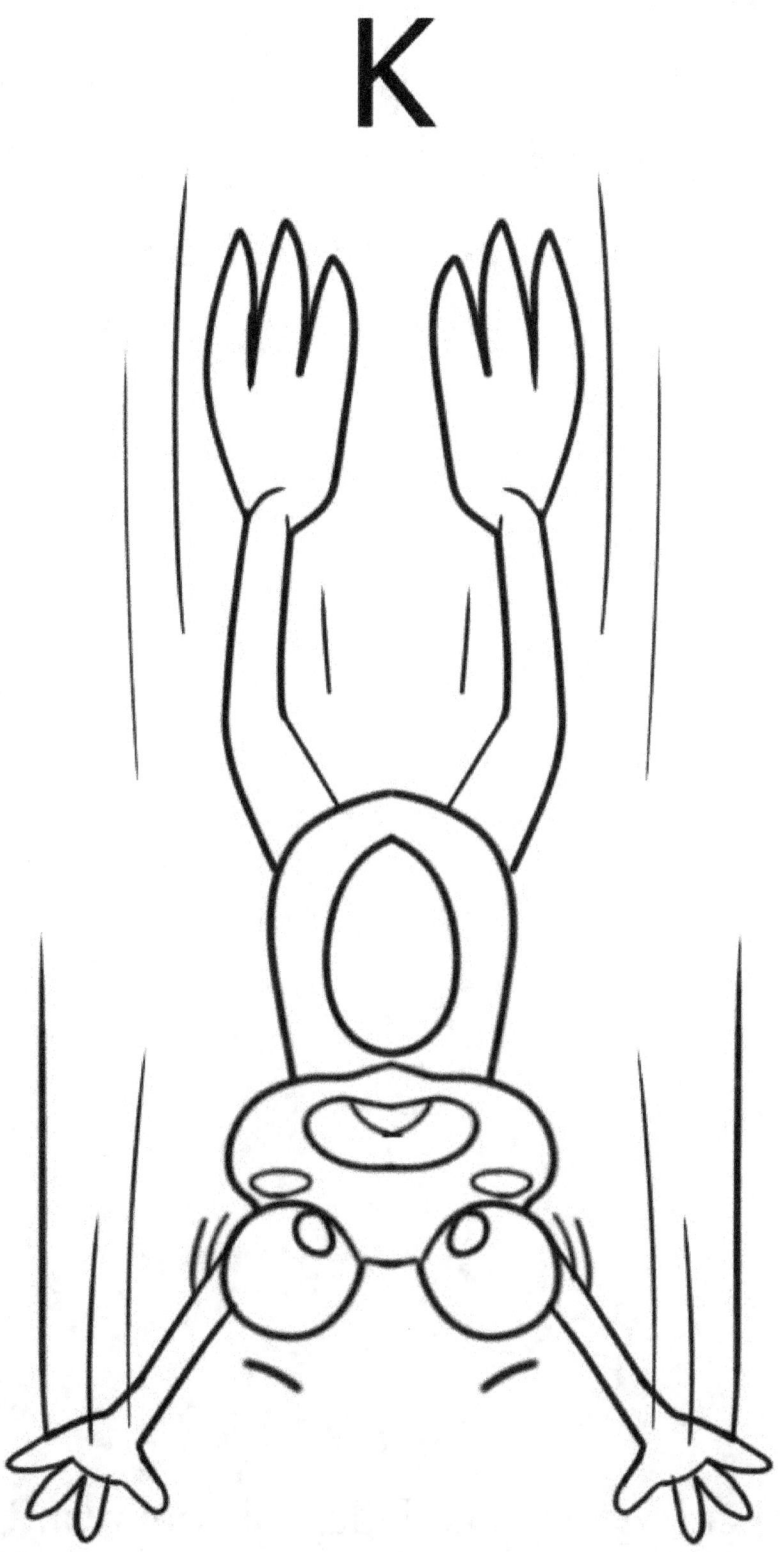

Albert thought and thought and thought. Nothing came to mind. This was to be his end. Albert resolved to meet it with quiet dignity. He clasped his hands, closed his eyes, and recited his favorite psalm.

Albert pensó, pensó y pensó. Nada se le ocurría. Este iba a ser su final. Albert decidió enfrentarlo con dignidad. El juntó sus manos, cerró los ojos y recitó su salmo favorito.

The LORD is my shepherd; I shall not want.
He maketh me to lie down in green pastures:
He leadeth me beside the still waters.
He restoreth my soul:
He leadeth me in the paths of righteousness for his name's sake.°
Yea, though I walk through the valley of the shadow of death,
I will fear no evil: For thou art with me;
Thy rod and thy staff they comfort me.
Thou preparest a table before me in the presence of mine enemies:
Thou anointest my head with oil; my cup runneth over.
Surely goodness and mercy shall follow me all the days of my life:
And I will dwell in the house of the LORD forever.
(Psalm 23 KJV)

Jehová es mi pastor; nada me faltará.
En lugares de delicados pastos me hará descansar;
junto a aguas de reposo me pastoreara.
Confortara mi alma;
me guiara por sendas de justicia por amor de su nombre.
Aunque ande en valle de sombra de muerte,
no temeré mal alguno, porque tú estarás conmigo;
tu vara y tu cayado me infundirán aliento.
Aderezas mesa delante de mí en presencia de mis
angustiadores;
unges mi cabeza con aceite; mi copa esta rebosando.
Ciertamente el bien y la misericordia me seguirán todos los
días de mi vida:
Y en la casa de Jehová morare por largos días.

M

The only image that came to his mind was that of his tombstone with the words:

"Here lies Albert (born 2005- died 2016), famous explorer for whom no challenge was too great.
May he rest in peace.
R.I.P."

La única imagen que le vino a su mente fue la de su lápida con las palabras:

"Aquí yace Albert (nacimiento 2005 – muerte 2016), famoso explorador para quien ningún desafío era demasiado grande. Que descanse en paz.
RIP"

Suddenly, Albert found himself falling upward! How could that be! But before he could figure that out, he was once again falling downward. Then he was falling upward, although not quite as high. And then he was falling downward. And then he was falling upward but not as high as before. And then he was plummeting to the earth, and then up again he fell. This was all very confusing, but after about fifteen minutes of falling up and down, he came to rest upon a trampoline.

https://www.youtube.com/watch?v=WWPUKUNay4o

¡De repente, Albert se encontró cayendo hacia arriba! ¡Como era posible! Pero antes de que pudiera hacerle sentido, nuevamente estaba cayendo hacia abajo. Luego estaba cayendo hacia arriba, aunque no tan alto. Y luego caía hacia abajo. Y luego estaba cayendo hacia arriba pero no tan alto como antes. Luego estaba cayendo en picada hacia la tierra, y después cayó hacia arriba nuevamente. Todo esto era muy confuso, pero al cabo de unos quince minutos de estar cayendo de arriba hacia abajo, se detuvo sobre un trampolín.

As he climbed off of the canvas, the world seemed a little "out of kilter". But Albert was not complaining. He was happy to be alive. Now where should he go? Next to the trampoline was the store that sold outdoor equipment. A window was cracked open ever so slightly, and through it, Albert crawled.

Mientras se bajaba de la lona, el mundo parecía un poco "fuera de balance". Pero Albert no se quejaba. Estaba alegre de estar vivo. ¿Ahora a donde debía dirigirse? Al lado del trampolín estaba la tienda que vendía equipo para actividades al aire libre. Una ventana se encontraba levemente abierta, y a través de ella, Albert se arrastró.

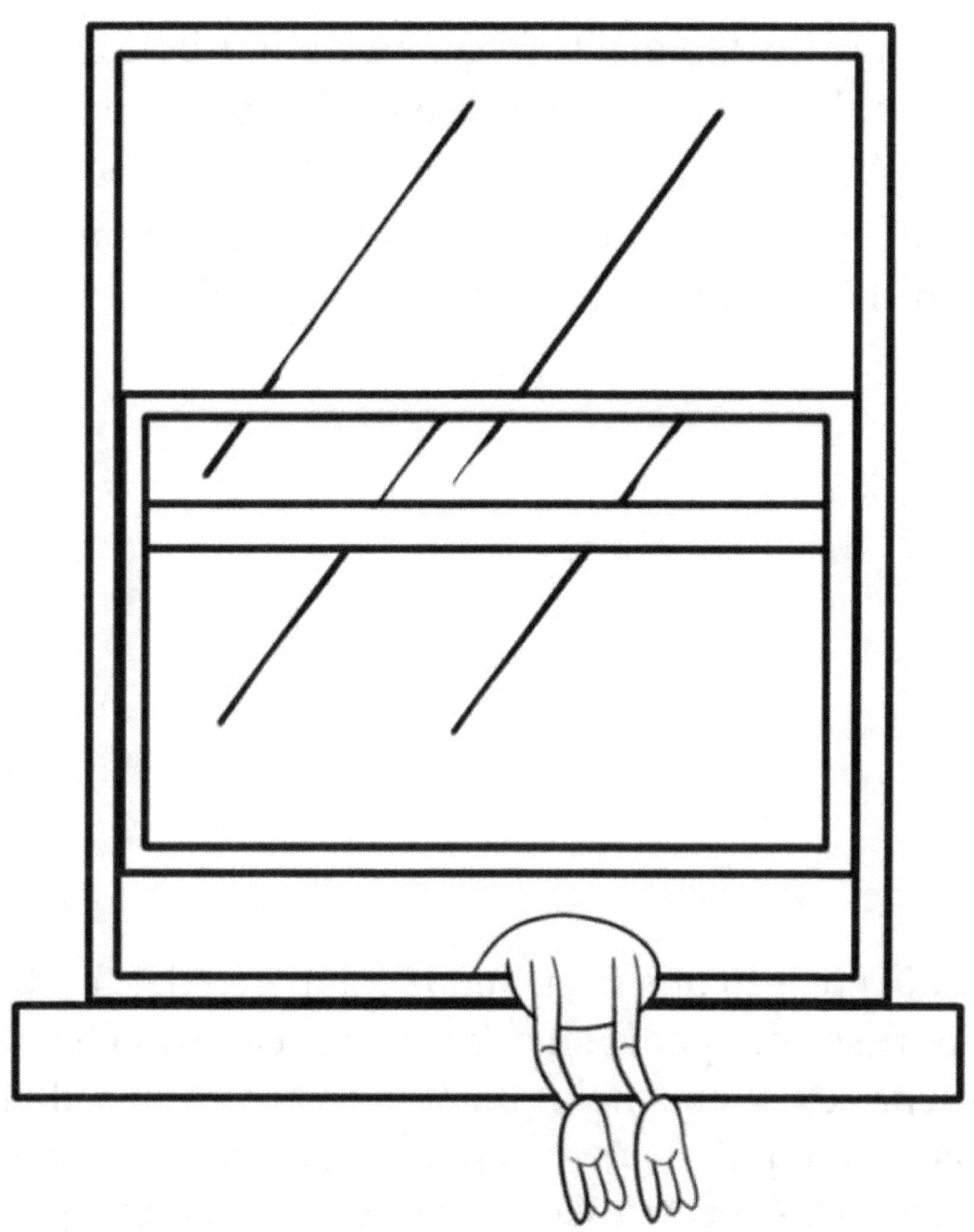

He could not believe his eyes. Standing next to the far wall was a bucket. That could only mean one thing! Milk! Albert was very thirsty, and what better way to satisfy his thirst than a long leisurely swim in a bucket of milk. And when he wanted to get out, Albert knew exactly what to do. Thus, with great excitement, Albert hopped over to the counter's edge and dived into the pail.

Él no podía creer lo que veía. Junto a la pared del fondo había un cubo. ¡Eso solo podía significar una cosa! ¡Leche! Albert tenía mucha sed, y qué mejor manera de saciar su sed que con un largo y tranquilo baño en un cubo de leche. Y cuando él quisiera salirse, Albert sabía exactamente que tenía que hacer. Así que, con gran emoción, Albert saltó por encima del borde del mostrador y se zambulló en el cubo.

Albert quickly learned another unpleasant lesson of life---- do not make assumptions. The pail was not filled with milk; it was filled with water! No matter how hard he churned his legs, Albert would never be able to make a pad of butter. This time there seemed to be no escape from this predicament.

Albert rápidamente aprendió otra desagradable lección de la vida --- no hagas suposiciones. El cubo no estaba lleno de leche; ¡estaba lleno de agua! Por mucho que agitara las patas, Albert nunca sería capaz de hacer un trozo de mantequilla. Esta vez parecía no haber escapatoria de este apuro.

Albert swam and swam and swam - hour after hour after hour. The situation was hopeless. If he had only looked before he had leaped. Then, from a distance, Albert heard a voice. "Thomas, before you go home tonight, mop the floor." Two minutes later, Albert saw a mop plunging towards him, and he knew this was his avenue of escape. He grabbed hold of the mop's strings and held onto them as tightly as he could.

Albert nadó, nadó y nadó – hora tras hora tras hora. La situación era desesperanzadora. Si tan solo hubiera mirado antes de haber saltado. Luego, desde la distancia, Albert escuchó una voz. "Thomas, antes de irte a casa esta noche, trapea el suelo." Dos minutos después; Albert vio un trapeador que se precipitaba hacia él, y supo que esta era su vía de escape. Agarró los hilos del trapeador y se sujetó tan fuerte como pudo.

43

Around and around the room Albert flew. Every time he tried to let go off the strings, the mop was stuffed back into the bucket. This went on for thirty minutes, and when Thomas was finished, he threw the mop against the wall. Albert slowly unraveled the strings from around his little body, and carefully slid down to the floor.

Albert voló a través de toda la habitación. Cada vez que intentaba soltar las cuerdas, el trapeador era sumergido de vuelta al cubo. Esto continuó durante treinta minutos, y cuando Thomas terminó, tiró el trapeador contra la pared. Albert lentamente desenredo las cuerdas de entre su pequeño cuerpo, y cuidadosamente se deslizó hacia el suelo.

Wherever Albert looked, he saw double. Moreover, the world would not stop spinning. All Albert could do was crawl under a shelf and close his eyes. When he awoke several hours later, he felt much better. The double vision had ceased, and he no longer felt himself to be on a merry-go-round. Albert was quite hungry so he hopped around the room eating dead flies. There were so many of them that Albert was soon stuffed. A broad smile of contentment now spread across his face.

Dondequiera que Albert miraba, veía doble. Además, el mundo no paraba de dar vueltas. Lo único que Albert pudo hacer fue meterse debajo de un armario y cerrar sus ojos. Cuando se despertó, varias horas después, se sintió mucho mejor. Su vista doble había cesado, y ya no sentía que estaba en un carrusel. Albert tenía mucha hambre, así que saltaba por la habitación comiendo moscas. Había tantas de ellas que Albert se abasteció rápidamente. Una gran sonrisa de satisfacción se extendía a través de su rostro.

Suddenly, he heard a strange and ominous noise. It was a deep purring rumble that rolled out from the darkness beneath a distant counter. Although nervous, Albert, being a brave little frog, hopped on over to the counter to find the source of the noise. When he was less than a foot from the lowest shelf, Albert came face to face with the most ferocious beast he had ever seen! Once again, he was in grave peril.

https://www.youtube.com/watch?v=kgrV3_g9rYY

De repente, él escuchó un ruido omnisciente y extraño. Era un profundo ronroneo que salía de entre la oscuridad de abajo de un mostrador. Aunque nervioso, Albert, siendo una ranita valiente, saltó sobre el mostrador para encontrar la fuente del ruido. Cuando estaba a menos de un pie del estante más bajo, Albert se encontró cara a cara con la bestia más feroz que jamás había visto. Una vez más estaba en grave peligro.

Albert turned away quickly, and the cat's first lunge missed him. But the chase had just begun, and for the next hour, Albert dashed frantically in sheer terror from counter to counter, up and down, and around and around with the cat in hot pursuit. Each swipe of the cat's paws seemed to land closer than the previous one, and Albert realized that if he did not escape soon, he would be that beast's first meal of the night!

The doors were locked; the windows were latched.

Albert se dio la vuelta rápidamente, y la primera embestida del gato no lo alcanzó. Pero la persecución acababa de comenzar, y por una hora, Albert corrió frenéticamente y aterrorizado de mostrador en mostrador, de arriba hacia abajo, y dando vueltas y vueltas con el gato en cercana persecución. Cada golpe de patas del gato parecía aterrizar más cerca que el anterior, y Albert se dio cuenta de que, si no escapaba pronto, ¡sería la primera cena de la noche de la bestia!

What could Albert do? Then, Albert got an idea. On the counter, next to the biggest window, lay a heavy cast iron frying pan whose handle extended over the ledge. With a great leap, Albert flung himself onto the handle catapulting the pan directly into the window! It shattered into a thousand pieces, and the cat, terrified by the crashing shards of glass, fled to the most distant corner of the room. Albert had his chance, and he hopped through the broken window pane. Free at last! Another valuable lesson had been learned---- necessity is the mother of invention.

Las puertas estaban cerradas; las ventanas cerradas con pestillo. ¿Qué podría hacer Albert? Entonces, Albert tuvo una idea. Al lado de la ventana más grande, yacía un pesado sartén de hierro fundido cuyo mango se extendía sobre el borde del mostrador. ¡Con un gran salto, Albert se arrojó sobre el mango y catapulto el sartén directamente contra la ventana! Se quebró en mil de pedazos, y el gato, atemorizado por los vidros rotos, huyo hacia la esquina más distante de la habitación. Albert tuvo su oportunidad, y saltó a través de la ventana rota. ¡Libre al fin! Otra valiosa lección había sido aprendida --- la necesidad es la madre de la invención.

Albert hopped around the side of the building, and he found himself standing on the edge of a busy road. Every time he tried to cross, a car or truck almost squashed him. He was getting nowhere fast. Albert faced yet another problem with no apparent solution. Were problems ever going to end? Being an explorer was a lot more difficult than Albert had anticipated. He wanted to go home.

Albert saltó alrededor del edificio y se encontró parado al borde de una calle muy transitada. Cada vez que intentaba cruzar un carro o camión casi lo atropellaba. No estaba llegando a ningún lado. Albert se enfrentó a otro problema sin solución aparente. ¿Terminarían los problemas alguna vez? Ser un explorador era mucho más difícil de lo que Albert había anticipado. Él quería irse a casa.

As he ruminated about his dilemma, a little old woman came to a stop right next to him. She walked slowly with the assistance of a cane. Albert immediately devised a solution. He grabbed hold of the tip of the cane, and when the woman shuffled across the street, Albert was safely carried across. He was so proud of himself that he forgot to let go. Before he realized it, he was in another building.

https://www.youtube.com/watch?v=R5yIEBOAhBI

Mientras reflexionaba sobre su dilema una viejecita se detuvo junto a él. Caminaba lentamente con la ayuda de un bastón. Albert inmediatamente encontró una solución. Se agarró de la punta del bastón, y mientras la mujer cruzaba la calle, Albert fue cargado hacia el otro lado. Él estaba tan orgulloso de sí mismo que olvidó soltarse. Antes de darse cuenta, se encontraba en otro edificio.

The old woman laid her cane against the wall and joined many other people standing in the center of the room. They were all facing a very old and very tiny lady who gave the following instructions, "Now spread out so that when you do your tai chi exercises, no one bumps into anyone else."

https://www.youtube.com/watch?v=e4VIw41R-PU

Albert decided to participate, and for the next hour, followed the lead of the instructor. After the class, Albert hopped over to her to express his appreciation. Unfortunately, he failed to notice than the old woman with the cane had left. And now streaming into the room was a large group of many young adults. He was trapped! What would happen next?

La anciana apoyo su bastón contra la pared y se unió a un grupo de personas en el centro de la habitación. Todos se encontraban frente a una pequeña viejecita que les dio las siguientes instrucciones, "Ahora sepárense para que cuando hagan sus ejercicios de tai chi no se tropiecen entre ustedes"

Albert decidió participar, y durante una hora, mantuvo el ritmo de la instructora. Después de la clase, Albert salto hacia ella para expresar su agradecimiento. Lamentablemente no se había dado cuenta de que la anciana con el bastón ya se había ido. Y ahora a la habitación entraba un grupo de adultos jóvenes. ¡Estaba atrapado! ¿Qué pasaría después?

59

"Listen my friends" the instructor shouted. "Are you ready for some Zumba?" And when the music started, it took all of Albert's quickness to avoid being trampled by the dancers' feet. After he worked his way to the back wall, he decided to join in the exercises. For over an hour, he hopped and danced and wiggled to his heart's content.

"Escuchen mis amigos" la instructora exclamó. ¿Están listos para algo de Zumba? Cuando la música empezó, toda la rapidez de Albert fue empleada para evitar ser pisoteado por los bailarines. Luego de llegar a la pared del fondo, el decidió unirse a los ejercicios. Por más de una hora, el salto y bailo y se movió al son de la felicidad en su corazón.

He was so tired that all he could think of was finding a place to sleep. He crawled into a tote bag and fell asleep.

Estaba tan cansado que todo lo que podía pensar era en buscar un lugar para dormir. Se arrastró hacia adentro de un bolso de mano y se durmió.

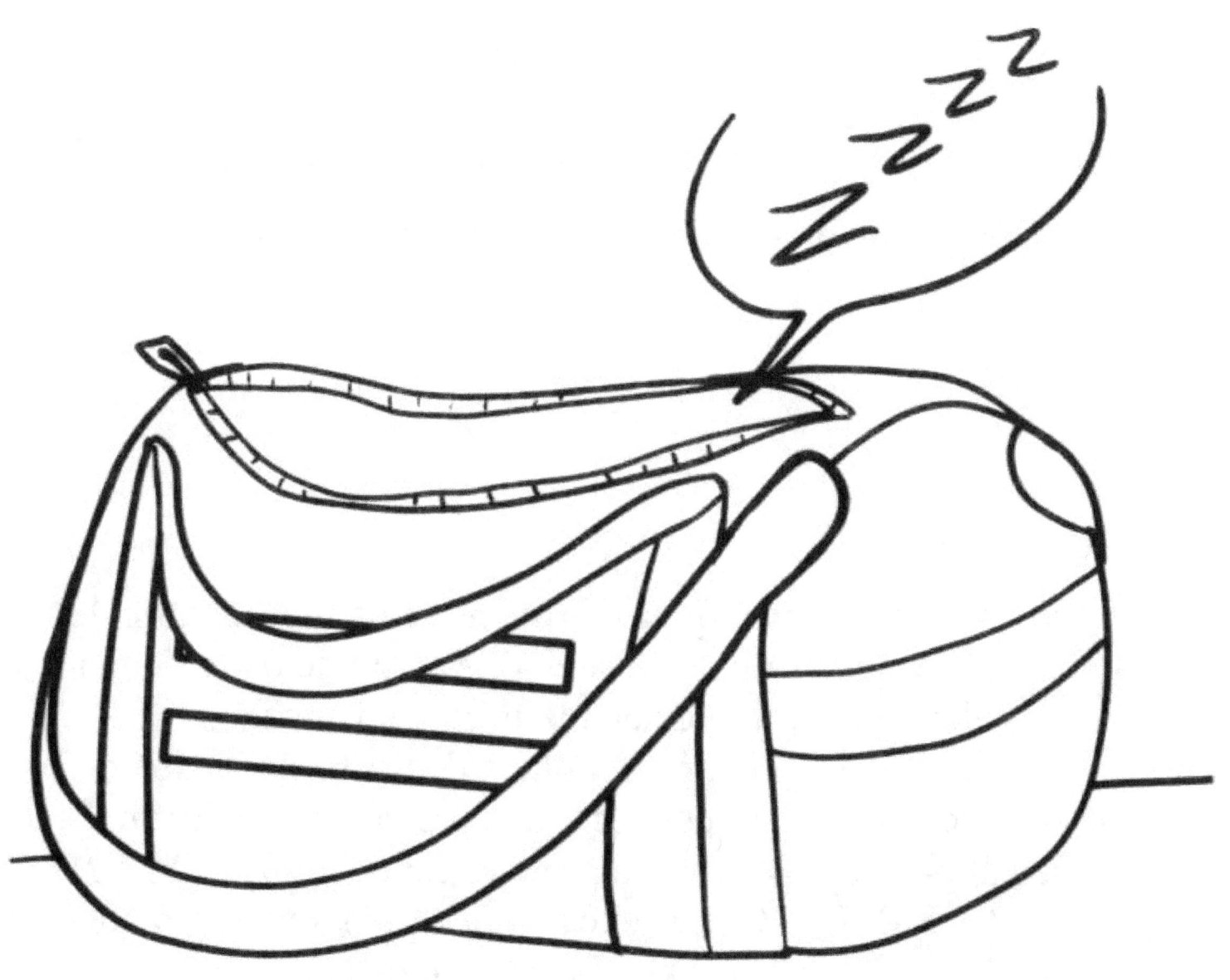

When Albert awoke later that afternoon, Albert had no idea where he had been carried. He was no longer in the dance studio. He knew he was outside because when he looked up, he saw clouds and sky. As he bounced up and down in the bag, he heard bits and pieces of conversation. "Let's go to the bog. There will be a sit-in called SAVE OUR SWAMP. The bulldozers will fill in the pond with dirt if we do not stop them."

Cuando Albert se levantó más tarde, no tenía idea de adonde lo habían llevado. Ya no estaba en el estudio de baile. Sabía que estaba afuera porque cuando miró hacia arriba, vio el cielo y las nubes. Mientras rebotaba de arriba hacia abajo dentro de la bolsa, escuchó fragmentos de conversación. "Vamos al pantano. Habrá una protesta llamada SALVEMOS NUESTRO PANTANO. Las excavadoras llenaran el estanque de tierra si no los detenemos".

Albert was terrified! They are talking about his home. Where will his family and friends live if the bog is destroyed? Will they even live if the bog disappears?

Albert tenía miedo! Estaban hablando acerca de su hogar. ¿Dónde vivirían su familia y amigos si el pantano es destruido? ¿Acaso vivirían si el pantano desaparece?

When they arrived at the pond, Albert peered over the edge of the bag. The scene was frightful. On one side of the field, there stood a line of huge earth moving equipment. On the other side, facing the workers, stood a small band of men, women, and children. There was no way that this tiny group of brave people could halt the advance of the machines. The end of everything was in sight!

Cuando llegaron al estanque, Albert se asomó por el borde de la bolsa. La escena era espantosa. A un lado del campo, había una fila de enormes equipos de movimiento de tierras. Del otro lado, frente a los trabajadores, se encontraba un pequeño grupo de hombres, mujeres y niños. No había forma de que este valiente pequeño grupo pudiera detener el avance de las maquinas. ¡El final de todo estaba a la vista!

As Albert stared and mourned the imminent destruction of his home, he thought about the many challenges he had successfully overcome during the last two days. He thought about the eagle, the trampoline, the water pail, the cat, the busy street, and the dance studio. He realized that he had become a very courageous and resourceful little frog. He knew now exactly what he had to do. Albert leaped out of the bag, ran towards the bulldozers, and raised his hand shouting "Stop! You will go no farther!"

Mientras Albert observaba y lamentaba la inminente destrucción de su hogar, pensó en todos los desafíos que había superado con éxito durante los últimos días. Pensó en el águila, el trampolín, el cubo de agua, el gato, la calle transitada y el estudio de baile. Se dio cuenta de que se había convertido en una ranita muy valiente e ingeniosa. Ahora sabía exactamente lo que tenía que hacer. Albert salto de la bolsa, corrió hacia las excavadoras y levanto la mano gritando. ¡Alto! ¡No avanzaras más!

There was complete silence. The trees held their breath; not a single leaf fluttered. Birds stopped singing. Crickets stopped chirping. Bees stopped humming. Even the sun seemed to pause in its passage across the sky so that it might watch the drama unfolding beneath it. Minutes passed although it felt like hours.

Había un completo silencio. Los árboles contuvieron la respiración; ni una sola hoja revoloteaba. Los pájaros dejaron de cantar. Los grillos dejaron de cantar. Las abejas dejaron de zumbar. Incluso el sol pareció detenerse en su paso por el cielo para poder observar el drama que se desarrollaba debajo de él. Pasaron los minutos, aunque se sintieron como horas.

Then a little girl walked out of the crowd and held Albert's hand. And then a big biker dude got of his motorcycle and put his hands on the shoulders of the girl. And then a tiny old woman with a walker joined them. And then 3 boys with a basketball came. And then 2 girls with their soccer moms arrived. And then a young man with his 3-year-old on his shoulders joined the crowd. And then an older couple holding hands stepped in.

Luego, una niña pequeña salió de la multitud y tomó la mano de Albert. Luego un gran motociclista se bajó de su motocicleta y puso sus manos sobre los hombros de la chica. Después se les unió una diminuta anciana con un andador. Y luego vinieron tres chicos con una pelota de baloncesto. Luego llegaron dos niñas con sus mamás futbolistas. Luego un joven con su hijo de tres años sobre los hombros se unió a la multitud. Y luego una pareja mayor tomados de la mano intervino.

Now Albert began to sing and soon a chorus of voices filled the air.

God bless America, land that I love
Stand beside her and guide her
Through the night with the light from above
From the mountains to the prairies
To the oceans white with foam
God bless America, my home sweet home

God bless America, land that I love
Stand beside her and guide her
Through the night with the light from above

From the mountains to the prairies
To the oceans white with foam
God bless America, my home sweet home

From the mountains to the prairies
To the oceans white with foam
God bless America, my home sweet home
God bless America, my home sweet home

Albert comenzó a cantar y de pronto un coro de voces lleno el aire.

Dios bendiga a América, la tierra que amo,
Permanezca a su lado y guíela
a través de la noche con una luz del cielo.

Desde las montañas hasta las praderas,
hasta los océanos blancos con espuma,
Dios bendiga a América, mi hogar dulce hogar

Dios bendiga a América, la tierra que amo,
Permanezca a su lado y guíela
a través de la noche con una luz del cielo.

Desde las montañas, hasta las praderas,
hasta los océanos, blancos con espuma,
Dios bendiga a América, mi hogar dulce hogar

Desde las montañas, hasta las praderas,
hasta los océanos, blancos con espuma,
Dios bendiga a América, mi hogar dulce hogar
Dios bendiga a América, mi hogar dulce hogar.

Dios Bendiga a América

Then Albert heard the foreman speak "Pack up men. Go home. We have lost."

The bog's inhabitants erupted into a joyous celebration. Birds sang their hearts out. The trees were shaking their leaves. Crickets were chirping madly. Bees hummed as they had never hummed before. Everyone danced and laughed and cried. Albert was carried home on the shoulders of his two older brothers surrounded by his cheering friends and family.

Luego Albert escucho al capataz hablar "Empaquen hombres. Vayan a casa. Hemos perdido"

Los habitantes del pantano estallaron en una alegre celebración. Los pájaros cantaron con todo su corazón. Los árboles sacudían sus hojas. Los grillos cantaban como locos. Las abejas zumbaban como nunca antes lo habían hecho. Todos bailaron, rieron y lloraron. Rodeados por amigos y familiares que lo animaban, Albert fue llevado a su casa sobre los hombros de sus dos hermanos mayores.

80

That night, as Albert lay in bed reflecting on his many experiences, he could not help but think of all the lessons he had learned. And the most important lesson of them all.

Esa noche, mientras Albert descansaba sobre su cama, reflexionaba acerca de sus experiencias. No podía evitar pensar en todas las lecciones que había aprendido. Y la lección más importante de todas.

HEROES COME IN ALL SIZES!!!

¡¡¡Los héroes vienen en todos los tamaños!!!

Fin